점멸과 침묵 사이

리토피아포에지 · 115
점멸과 침묵 사이

인쇄 2021. 5. 25 발행 2021. 5. 31
지은이 김유석 외 펴낸이 정기옥
펴낸곳 리토피아
출판등록 2006. 6. 15. 제2006-12호
주소 22162 인천광역시 미추홀구 경인로 77
전화 032-883-5356 전송 032-891-5356
홈페이지 www.litopia21.com 전자우편 litopia999@naver.com
ISBN-978-89-6412-144-3 03810

값 9,000원

지평선시동인/제6집

점멸과 침묵 사이

6집을 묶으면서

사라질 수도 있지만
끝내 포기할 수 없어
우리는
소금사막 지평선을
온기로 꿰맨다

지평선시동인 일동

차례

이세영

이승훈

이영종

임백령

도혜숙

장종권

김유석

두 겹의 자폐
전생에 새였던 새를 위하여
이명耳鳴
기별 · 1

1990년 〈서울신문〉 신춘문예 당선. 시집 『붉음이 제 몸을 휜다』 외.

두 겹의 자폐 · 2

백열등을 월식月蝕처럼 두른 밤, 부나비 한 마리 방에 들었다.

시소 같고,
자석처럼 서로 끌기도 하는 명암을
모눈으로 가른 방충망 사이

생의 어느 블랙홀을 건너와서 함부로 불빛을 들이받는다.

저런 식의 잠입,
저런 식의 자학은 너무 폭력적이다.
진부하고 무모한 야행의 오랜 습속이

파닥거리는 몸통을 감광感光의 그림자로 털어낸다.

한밤을 켜고 견디는 것은
견딜 수 없는 것들로부터의 삼투압, 이런 식으로
나의 날개는 돋지만

〉

어느 쪽에서 파닥거려야 할지 알 수 없다.

한 번 쏘이면 결코 지워지지 않는 빛 때문에
불을 꺼도 어둠으로 돌아가지 못하고
날개를 편 채 아침 창가에 떨어져 눕는 부나비가

밤새 검은 알을 내 몸 어딘가 슬어 놓았다.

전생에 새였던 새를 위하여

허공을 젓다 지친 날개를 접는 새에게
지상은 그렇게 내리는 곳이 아니야

날개를 편 채 죽은 새를 가슴에서 꺼내 날려 보낸다.

깃털의 가벼움으로 비상을 꿈꾸었으니
유장한 활공滑空에 바쳐도 좋을 생,

죽을 때서야 단 한 번 지상에 내리는 족속이 있다지만

조감鳥瞰이 아뜩하여
복사꽃 그늘에 젖는 울음도 있어

스스로 중력에 끌린 공중에는 파닥거린 자국이 난다.

오만과 허영의 양력揚力을 벗으려면
발톱을 몸에 박고 울음을 삼켜야 한다.

무리를 짓지 않으며

〉

수직으로 내리꽂혀 들쥐를 낚아채는 황조롱이처럼
배고픔의 순간이 극적이어야 하는

새의 무덤은 공중과 바다 사이에 있다. 그리하여

고독한 허업虛業, 망명하듯 창천을 떠돌며
깃털 구름의 붉고 장엄한 소멸을 꿈꾸어야 하는

새의 숙명은 날다가 죽는 것, 죽어서 다시 새로 태어나는 일

이명耳鳴

생쥐 한 마리가 끈끈이 종이에 붙었다. 살아있는 동작 그대로 멎은 저 생생함,

어둠을 응축하여 박은 눈
조금은 애발라 보이는 수염
아무 짝에도 쓸모없을 것 같은 꼬리까지

스스로 포착했을 최후의 떨림이 섬뜩하다.

발버둥 칠수록
사지四肢에 빨려드는 부스럭거림을
제 무게보다 가벼운 한 장 종이 속에 묻는 동안

몽롱한 약물이나 뼈마디 으스러뜨리는 덫보다
좀 더 인간적으로 지켜보았을
멸치대가리의 부릅뜬 눈이 섬뜩할 뿐, 필경

그것까지를 생으로 담보한 생쥐가 사라지자

다락방도 죽었다.
부스럭거림이 있던 자리에 쌓이는 적막이
죽은 입술로 귓속말을 걸어올 때

끔찍한 것은
아무런 기척 없이 내 몸을 드나드는 것들,
정말 끔찍한 것은
어둠을 압착하여 모든 틈서리를 틀어막는 적막

은밀히 서로의 경계를 넘나드는 생이 사라진 후

생쥐를 살려내기 위해
부릅뜬 멸치대가리의 눈을 감겨주면서, 밤마다

죽은 생쥐가 놓는 소리의 덫에 치이기 시작했다.

기별 · 1

살근살근 울 넘어 연두의 필체를 적어오는 이여

오월의 필묵筆墨은 아직 묽어서 꽃이 슬기 전엔 읽을 수가 없다. 몇 날을 그냥 두었다가

꽃이 피면 또, 나풀거리는 나비에 저간의 사정 오독할 수 있으므로

간밤 빗소리를 고르는 햇볕 좋은 어느 하루

뒷집 홀어미 서툰 철자법 같은 엽맥葉脈 잎사귀에 필사한다.

살아있구나, 살아서 적조한 거리가 겨우 울 하나 사이였다니!

그 길 아득히 기어 온 호박넝쿨, 오다가

몇 번은 주저앉고 싶었을 마디마디가 유서 같아

봉인된 내 울안으로 달싹이는 너의 입술은 차마 읽을 수가 없다.

몇 날을 눈길만 쓸다가 수신인 불명으로 돌려보낸다.

| 시작메모 |

젊은 날, 마시면 지난 일들을 다 잊을 수 있다는 술 한 병을 얻었으나 그땐 잊어야 할 게 없어 그냥 두었다가 이제 그 술을 마신다.

버려야 할 것들을 쉽게 버리지 못하는 까닭은 애착이 아니라 버리는 방법을 모르기 때문일 것이다.

시들어가는 꽃나무에 자꾸 물을 준다.

김인숙

전북 정읍 출생. 2011년 《문예연구》로 등단.

붉은 방

그 계절, 방은 매웠다
살림살이가 허름허름 졸던 방
아랫목은 고추들 차지였다

고추벌레가 문지방을 넘고
섬돌 아래 귀뚜라미는 목이 쉬었다
까무룩 꾸던 내 꿈은
붉은 방을 탈출하곤 했다

탈출의 음모가 꿈틀대던 방에
가을이 깊숙이 들어왔다
낌새를 알아챘는지 콩이며 들깨 참깨들
자루 속에서 수군거렸다
처마 밑 시래기, 숨죽여 망을 봤다
그 후로도 한동안
붉은 방은 나를 놓아주지 않았다

삼십 년도 넘었건만 해마다
가을바람은 붉은 방의 냄새를 묻혀온다

그 알싸한 냄새에 코끝이 시큰하다
병이다

밥을 위한 기절

밥벌이 나다닐 때
집에 오면 숟가락 놓기 바쁘게 졸음이 쏟아졌네
TV 소리가 꿈으로 이어지고
몰려온 졸음과 한기에 날마다 기절했네
오소소 돋는 소름,
잔뜩 웅크리며 방으로 기어들었네

안데스산맥의 벌새는
1초에 수십 번씩 날갯짓 한다네
엄지손가락만 한 벌새는 날마다
자신의 무게만큼 꿀을 먹어야 한다네
날갯짓을 위해, 꿀을 따기 위해
잘 때는 급격히 체온을 낮춘다네
초절전 모드로 혼수상태에 빠진다네

그렇네,
밥숟갈 놓기 무섭게 한기가 든 건
더 많은 밥을 위해
치열하게 싸우기 위해 체온을 아낀 거였네

밤마다 기절하며 구한
뜨거운 밥이었네

간격

그들의 간격은 반경 삼보 이내
긴장과 이완을 반복한다
목줄은 목에 감긴 줄이 아니라
몸과 몸을 잇는 핏줄,
백구는 남자를 구심점으로
앞서거니 뒤서거니 삼보 반원을 그린다
은행나무 가로수에 백구가 일을 볼 때
그들의 간격이 잠시 흔들렸지만
횡단보도에 빨간불이 들어와
다시 또 삼 보가 유지된다

사거리 신호등이 푸르게 흐르고
미는 듯 당기는 듯 차들이 흘러간다
간격 벗어나지 않는다
반경 삼 보 안에 아무도 없는 나도
행여 멀어질세라
간격을 유지하며 흘러간다
지금은 먼,
보이지 않는 네가 당겼다 늦추는 것임을

모른 척 흘러간다

앞만 보고 걷는 남자의 백발과
촐랑대는 백구의 등성이에
석양이 내린다

우수雨水

아무 말 없이 떠나 왔네
나무들 물을 머금던 계절이었네
붙잡는 시늉도 없던 너는
퀵서비스로 행운목을 보내왔네
물품 수령 싸인패드에 하마터면 나는
비가 오네, 라고 쓸 뻔했네
돌아서는 배달부의 뒷모습에
너의 뒷모습 오버랩 되었네

계절은 한 바퀴를 돌아 다시 우수
내게 이렇다 할 행운은 없었네
다시 나무들은 물을 켜고
부름켜를 부풀리네
구석의 행운목 슬쩍슬쩍 눈치를 보네
가만가만
창 쪽으로 팔을 뻗네
내 시선도 따라가네
내리는 봄비에
촉촉해진 계절도 내 마음도
한 생각 머금네

| 시작메모 |

거울에 비친 모습
신분증 속 사진
그리고
나의 생각
나의 습관
나의 언어
이것은 진짜 나일까?

쓴다는 것은 나를 찾아가는 것
저기 어두운 구석에서
울고 있는 한 아이가 있다.
벌판을 홀로 걷는
한 사람이 있다.

지연

꼭짓점의 기억
블랭킷
아침 춤과 저녁 춤은 약이 되니라
우로보로스
사라진 편지처럼

전북 임실 출생. 2013년 《시산맥》으로 등단. 2016년 〈무등일보〉 신춘문예 당선. 제15회 시흥문학상 수상. 시집 『건너와 빈칸으로』(실천문학, 2018)가 있다. 2020년 아르코 창작기금 수혜.

꼭짓점의 기억

하늘도 땅도 꼭짓점이 많아 비가 내려요 잡아당겨야 할 모서리가 많다는 거죠 꼭짓점과 꼭짓점을 잡아당기면 보조개가 생겨요 어머머 아니에요 손사래를 치면서 보조개가 피어나는 거 봐요 한 땀 꽃봉오리바늘방석 같은 무덤에 엠보싱이 살아나요 예전엔 하늘과 땅이 가까워서 죽은 사람과 산 사람이 줄을 타고 서로를 방문했을 것 같아요 창구멍에 공복을 단단하게 밀어 넣고 솜에 콕 박혀 우는 영혼이 있을 것 같아요 가슴을 돌돌 감은 박쥐매듭 하나 풀어놓고 싶은, 이쪽과 저쪽을 징궈놓은 실 툭, 끊어버리고 싶은 저편의 적막이 있을 것 같아요 하늘을 바라본 평수와 지상을 걸어본 평수가 달라요 비가 다리를 감침질하네요 옷깃을 여며요 꽃봉오리바늘방석 위를 사람들이 걸어요 꼭짓점은 꽃잎을 펼치는 기억일지도 몰라요

블랭킷

워터코인에게 물을 주는 것도 잊지 않아야 하고 냉동고에서 무엇을 버릴지 뒤적여 보고

점검하지 않으면 잊어버리는 건조기에 당도했으나 뽀송뽀송하지 않은 가벼움으로 나는 이십오 그램으로 지구 한 바퀴를 돈다는 북방사막딱새 이름을 부르다가

나를 덜어내어 가고 싶은 곳이 어디인가

눈을 깜박이면서 백화라일락이 떨어지는 속도를 가늠하다가 왼손 검지를 들어 올린다 코를 둥글게 말아 올리는 코바늘에게 나를 맡긴다

코바늘은 코끼리 코 같고 나는 코끼리를 타고 가는 소녀 같고 코끼리를 따라가면 시베리아에서 아프리카 케냐까지 걸어갈 수 있을 것 같고 어쩌면 북방사막딱새를 만날 수도 있을 것 같아서

나는 건초 같은 실을 코끼리에게 풀어주면서 먼지를 날

린다 코끼리는 하늘 강화유리뚜껑을 치며 튀어 오르는 별들을 나에게 만들어 바닥에 사각사각 던져주면서 걸어간다 짧은뜨기인지 긴뜨기인지 알 수 없는 하루

잊어야 하는 것도 잊어버리면 안 되는 것도 없이 길이 이어진다 흔들리는 실을 잡아당기며 코끼리 한 마리가 걸어간다 매듭을 살 속에 감춘 별 무리가 무릎을 덮고 있다

아침 춤과 저녁 춤은 약이 되니라

요양병원 할머니들이 머리를 밀었어요

신체를 한 부위만 남겨놓는다면 거리엔 무엇이 활보할까요

입이 귀가 손이 발이 홀로 걸어 다니면서 부위별로 다시 탄생하는

의도적으로 빌려오는 심장, 내가 밀어버린 것과 남아있는 당신의 것

서랍에서 화장지로 감싼 금니를 꺼냈어요 빠져버렸지만 빛나는 그것을 남겨야 할지 버려야 할지 당신과 함께 나눴던 농담들

꽃무늬 앞치마를 두르고 이제 당신은 초점 없는 눈으로
햇빛을 간신히 식탁에 올리네요

혀를 빼고 손가락으로 빛을 닦네요 아침 춤과 저녁 춤

은 약이 되니라 빛의 먼지를 한소끔, 멀리 떠날 수 있게 손가락에 춤을 발라 문지르네요

춤을 침으로 믿고 사는 나에게 손가락으로 바닥을 궁굴리면서 빛의 살갗을 입으로 부르네요

바리캉으로 밀어버린 기억을 뉘어 놓고 당신은, 당신을 닮은 당신들은 바람의 도르래를 굴리며 밥 차를 기다려요

밀어버린 털처럼 희망이 다시 올라온다는 듯 빛을 깨끗이 춤으로 씻어주면서

우로보로스*

물속에서 물고기는 어떻게 붉은 피를 간직할까요

물결을 밀면서 나아갈 때
비늘들은
건반이 되어 자신을 눌러요

물속에서 심장이 식지 않게

내가 만난 당신이
당신이 만난 내 얼굴이
어떤 비늘로 악수를 할지
어떤 거리를 지녀야 할지

몸에 붙은 비늘들은 거울 속에서 모자이크 해요
산다는 말 보다 살아있다는 말이 어려워요
허리에 달았던 광대 북소리가 눈자위에서 반짝 울릴 때

어떤 비늘로 떨어뜨리나
어떤 비늘로 노래하게 하나

거울 밖에서 거울에 있는 나를 떼어내면서
거울 안에 깊이 숨어버린 나를 꺼내면서
영원히 거울 안이라는 것

거울은 더 이상 아름다움을 질문하지 않고
나를 둘러싼 비늘이 바늘이 되기도 해요

허기는 어둠이 와도 눈을 감지 않아요
석양은 저 마블링을 어떻게 만들었을까요

*자기 꼬리를 삼키는 용.

사라진 편지처럼

당황하지 말아요 재활용 쓰레기장에서 줄무늬 통굽 십이 센티미터 샌들을 꺼내 신고 우체국에 갑니다

뒤꿈치 밴드가 헐렁하긴 해도 적당히 닳아서 편안합니다

얼굴 모르는 당신과 내 발목이 당신이 지나온 발에 맞추어

토끼풀꽃을 보면서 가볍게 뛰기도 하면서 지상으로부터 십이 센티미터 위라는 것이 서로 위안이네요 머리를 숙여 토끼풀꽃 머리를 흔들어주기도 하면서

재건축 플래카드 아래를 걸어갑니다 길고양이 새끼가 다급하게 도망갑니다 아이들이 큰 상자를 들고 앞뒤로 헐떡이며 좇아갑니다

마음을 맞추기 쉽지 않은데 바닥을 맞춘 당신과 나는 재활용 샌들 십이 센티미터 공중 위에서 우표처럼 붙습니다

비가 오면 몸이 무거워 나를 벗어놓기도 하겠습니다
가지런히 벗어놓은 나를 누군가 신고 떠돌기도 하겠습니다
사라진 편지처럼

집을 나가도 갈 곳이 없는 날엔 우체국에 갑니다
당신을 모르는 내 자신이 더 먼 곳이 되기도 하겠습니다

| 시작메모 |

나날이 홑이불이 깔린 저녁이었다.

어떻게 해야 희망이 되는지 알 수 없어서 바닥의 온기를 더듬거렸다.

배귀선

버튼을 눌러주세요
말뼈
스페이드
도솔천 식당
녹

전북 부안 출생. 《문학의 오늘》로 등단. 저서 《신춘문예 당선 동시 연구집》.

버튼을 눌러주세요

속도를 이기지 못한 직선이 휘어졌다
펴지는 동안 사람들은 일정 간격을 서성였다
어느 날 갑자기 오는 오늘은 없지
믿을 수 없어서 믿어야 한다는
보건소의 고백이 건너편에서
깜박이는 횡단보도
청신호를 기다리며
혼자가 되는 의심이 흰 선을 덧칠할수록
건널목은 길어지고
타인되기를 강요하는 오늘이
걸어 쓴 흑백의 표정들
마스크에 가린 어제의 궁금증보다
점멸과 다음 점멸 사이 침묵은
얼마나 두려운 언어인가
휴대폰 속 감염원 경로가
막다른 골목의 거울이 될 때
영화 속 좀비의 눈처럼 충혈된 신호등
감염병보다 더 위험하다는 듯

깜빡, 깜박인다

말뼈

뼈가 있다는 말
배의 심지에 닿은 칼날이 멈칫할 때
생각 없는 말이 튀어 나가다가 앞발에 힘을 줄 때
뼈는 살아있지

좀 상한 것도 괜찮다고
가져온 깊이를 알 수 없는 가난
물어뜯기에 골몰하는 명절 뒤끝
칼끝도 닿지 못한 배의 뼈를 밸다가
브레이크를 밟는다

나는 말의 뼈를 발굴하는,
말을 팔아 가난을 사는 사내

썩은 배 한 개 툭 던져주듯
김제에서 익산 가는
커브길에서 펄럭인다

말뼈 싸게 팝니다

스페이드

여기와
저기는 경계가 없지
가까운 적 없으니 멀어진 적 없는
균형을 잘 다스려야 해

칼을 숨기고 클로버를 내미는
조율, 살아가는 방법이지

담화는 부풀수록 좋아
겨울을 숨긴 봄 이야기에 잘 맞는
농담 같은 혀

오픈하지 않는 긴장이 만든 무지개
세상은 그런 거야

폐허는 옆 사람이 쥔 희망을 훔쳐보는 일
어제는 심심한 화환에 불씨를 심었지
연기로 검찰청 앞
꽃, 꽃, 꽃이 타올랐어

검은 수의를 입은
꽃들이

도솔천 식당

적막이 지팡이를 들이민다 문지방을 넘는 데 한참인 수전증 뒤로 통꽃은 여전히 붉어 낙타처럼 벽에 걸린 초침 가쁜 숨 몰아쉰다 어느 사막을 더디게 건너왔는지 머리 센 지팡이 노구보다 먼저 의자에 몸을 기댄다

자꾸만 벽시계를 당겨보는 노인

흐린 식탁, 뜨거운 면발 불어대는 입이 미주알처럼 오므려졌다 펴졌다 빨아들이는 칼국수 더디다

오랫동안 가지 못한 내 고향도 저만큼의 힘은 남아있을 것 같기도 하여 나도 칼국수를 후후 불어보는 것인데, 훈김 너머로 아버지 얼비친다

녹

금 간 타일 너머
미궁의 벽에 걸린 검붉음으로
휘어져 내린다

화장 지우는 밤마다
두르고 세안을 하던
네 머리밴드가 걸려 있던 그곳

낯 뜨겁게 변기에 앉아
속옷들이 아주 잠깐씩 얄궂은
상상을 허락하였을 때

그 까마득한 기억을 다시
걸어두면 녹물이 밸 것 같다
너의 뒷모습을 내려놓았던 것처럼
얼룩진 수건을 걷어낸다

너무 늦은 것일까
장도리를 물려도 요지부동이다

습한 날들에 뿌리를 박은 못이
부러지고 만다

부식된 가슴에서 부러진 못은
또 얼마나 될까

안성덕

전북 정읍 출생. 2009년 〈전북일보〉 신춘문예 당선. 시집 『몸붓』, 『달달한 쓴맛』.

파장罷場

자- 한 판에 삼천 원, 계란 장수 마이크는 목이 쉰 지 이미 오래 오늘따라 텁텁한 목구멍에 털어 넣을 파란破卵도 없네 은행나무 아래 얼굴보다 전대가 큰 큰 고모뻘 할매의 열무 단 숨이 죽네 손두부 집 청국장은 좌판에서 더 떴나 어제보다 쿰쿰하네, 상기된 노을 위로 에스프리 화장품 가게 새댁 빼꼼 좌우를 살피네 남은 해는 겨우 반의 반 뼘, 피장파장이 안심이네

발발발 누구를 따라왔나, 발발이가 오줌을 지리네 전봇대가 움찔거리네 신일과 제일아파트 사이 골목 위로 개밥바라기 뜨네

비 갠 아침

풀숲에 바짓가랑이가 젖네요 삼천 변, 나팔꽃과 메꽃을 모르는 아내에게 하트 잎 꽃분홍 나팔꽃이 찡끗 눈을 맞춥니다 노랑 달맞이꽃 아직 서산을 넘지 않았고요

두어 걸음 저만치서 안절부절못합니다 목이 떨어져라, 참새가 고개를 흔들어댑니다 실지렁이가 밥알보다 작은 부리를 죄고 있네요

곁눈질하랴 지렁이 떼어먹으랴, 겁먹은 놈이 바들거립니다 먼 겨울밤 처마 끝 참새집에 손을 넣고 가만 쥐어보았던 그 온기가, 할딱거리던 심장이 생각나네요 제비가 높이 납니다

참새가 갈잎에 말갛게 부리를 닦습니다 간밤 내린 비로 세수한 세상이 돌담 틈에 숨겨두었던 유리구슬보다 투명합니다 오라, 하트였구나 따따따 아내가 나팔꽃잎을 외웁니다

스민다는 것

꽝꽝 언 호수에 돌멩이가 박혀 있다 둥둥 떠 있다 얼어붙었을 리 없고 누군가 던져 단박에 박혔을 리 없다

들이받힌 가슴 안고 얼음장은 얼음장대로 긴긴 밤 속울음을 울었을 터 두드려도 끝내 열리지 않는 빗장에 돌멩이는 돌멩이대로 마음에 금이 갔을 터

풀릴 듯 얼어붙고 얼어붙을 듯 풀리는 동안 금 간 자리에 눈이 갔던 것이다 거둘 듯 들이받고 들이받다 거두는 사이 들이받힌 비명을 들었던 것이다

진물 걷어내고 딱지 앉히듯 서로 품었다 상처에 새살 채우듯이 서로 메웠다 맨몸 부대끼며 속내를 가늠해 한 살 되었다

스민다는 것, 내가 얼어붙은 호숫가를 서성이며 온종일 너를 생각한다는 것

문

고장이 났나 두드려도 흔들어도 기척이 없다 멀쩡하던 문이 당기고 밀쳐봐도 끝내 열리지 않는다

설주가 돌쩌귀가 틀어져 버렸나 고리를 걸어버렸나 문이 벽이 되어 안과 밖을 갈라놓는다 열리지 않는 벽이 어둠 속에 나를 못 박아 세워둔다

눈길 한 번 주지 않는다 사흘째 삐걱거리던 그녀, 기어이 말문 닫아걸고 대꾸가 없다 제 안에 들어앉아 꼼짝않는다

간단없이 드나들던 문 열지 못해 세상 밖에 내가 갇혔다 고장 난 내 안에 그녀가 갇혔다

꽃놀이패

우하변에 매화 만발하고 좌상귀 복사꽃 분분하네

계란 삶고 김밥 말아 꽃구경 한 번 못 가고 봄날은, 갔네
산번지 까치집도 좋으니 문패나 한번 걸어보겠다고 알탕갈탕
사이다 한 병 못 먹인 딸아이는 아직도 목이 메는지 자주 제 가슴팍을 치네

앞 장강 물이 뒷물에 밀려나듯 청춘이 흘렀네
대마불사도 헛말, 축도 모르는 채 덩치만 키운 아들놈은 여태 출구를 못 찾네 오 년째 미생마네
매화 놓치면 복사꽃 구경 가고 복사꽃 놓치면 매화 보러 가겠네 무서리 친 늦가을 아닌 꽃놀이에, 두견화는 덤으로 꺾고 화전도 두어 장 부쳐보려네

좌상귀 복사꽃 한 점 따고, 우하변 매화 한 점을 따 담네
다 저녁에 반상은 꽃피는 봄날이네 겨우 환갑에 양로당 출입은 좀 뭣하고 명문기원 구석에 박혀 짜장면 내기 돌을 놓네

〉

사는 일이 종당에 한 채 집짓기라, 이만하면 내 인생 근근이 계가는 될까도 싶네 꽃놀이패 덕에 사석보다 두어 집은 더 지은 것 같네

| 시작메모 |

나를 지나간 세월은 어딘가에 습자지처럼 차곡차곡 쌓여있다지요. 펼쳐보면 그리운 날들을 알 수 있다지요.

집을 헐었습니다. 요양병원에 가신 어머니 걱정에 시름시름 앓던 집이 기어이 주저앉았습니다. 어머니 가시자마자였습니다. 누군가 손때 묻은 장독을 들어낸 뒤였습니다. 말갛게 행주 칠 안주인이 없다는 걸 알았겠지요. 금 가 철사로 동여맨 소금 항아리 빼곤 장독대가 휑했습니다. 안방 사진틀 아래 걸어두었던 봉황문양의 아버지 손목시계도 온데간데없습니다. 지나간 시절은 다시 오지 않는다는 걸 아는 이의 소행이었겠지요.

생각만으로도 입안 가득 침이 고이는 빨갛게 능금이 익어 가던 집, 들어낸 터가 생각보다 넓습니다. 내 허물이 크고 넓습니다. 내년엔 별인 듯 하양 보라 도라지꽃을 피우겠습니다. 여름밤 멍석에 누워 올려보던 은하수를 흘리겠습니다. 마당 그 자리에 시디신 홍옥紅玉 한 그루 심어 주렁주렁 유년을 매달게 하겠습니다. 제 맘대로 드나

들려 바람이 뜯어냈을까요, 대문짝 없는 설주의 문패를 모셔왔습니다.

빈 집터를 아무리 훑어봐도 차곡차곡 습자지처럼 쌓여 있을 세월은 없었습니다.

이강길

삼단평행봉에서
연탄 한 장
학교 가기 싫은 날
모래내 시장에서
외로움이 외로움을 밀치다

전북 임실 출생, 2010년 《문학광장》 신인상 수상. 시집 『야생으로 돌아간 고양이(2019)』, 2020년 《리토피아》로 등단. 전북작가회의 회원.

삼단평행봉에서

익숙함이 지배하는 거리
그렇지만 때로는 낯선 지점
빨간 알갱이들 우르르 무리 지으면
새로운 질서가 순식간에 전개되는 곳

8차선 도로 교차로 삼단평행봉에는
사색四色신호등 사이에 비보호좌회전이 매달려 있고
그 위층 빨간색 50평 원형극장 곁엔 독수리 한 마리 살고
그 위층엔 먼 소식이 궁금한 가로등이 가느다란 목을 길게 늘이 뺀다

한때 긴 장대를 들고 내달려 사뿐히 바를 넘다
이제는 새벽녘까지 달빛기사단에서 활동하는 사내가
정지선 앞에서 미끄러지다 급하게 멈춰 설 때마다
삼단평행봉이 흠칫 놀라 움츠러든다
간간이 멋쩍은 표정 짓는다 마치
삼단평행봉에서 미끄러진 어느 체조선수처럼

연탄 한 장

연탄 한 장 무게 3.65킬로그램,

달동네에 연탄을 전하는 사람들의 체온 36.5도

서로 따뜻할 365일

학교 가기 싫은 날

아빠, 엄마께서 갑자기
시골 할아버지 댁에 가신 날,
엄마는 새벽부터 전화하신다
초등학생인 나를 깨운다

이런 날 한 번쯤
학교 빼먹고 싶은 생각이
슬며시 들어서
나는 코를 틀어막고
어른 목소리로 전화를 한다

-선생님 저 두연 엄마인데요, 오늘 우리 애가 아파서 학교 못 갈 것 같습니다.
-아, 그러세요, 그러시는 분은 누구신데요?
-예, 저 우리 엄마인데요

그날 밤,
마른하늘에 벼락이 세 번 스쳐 갔다.

모래내 시장에서

골목 중간쯤에서 어스름이 만져진다
붉은 네온사인 반짝 켜지고
출입문 앞 가림막이 긴 침묵을 털어내면
영혼의 반쯤이 슬픔인 사람들이 와글와글식당에 모여든다
주인 김춘자 씨의 큰 손이 허공을 가를 때마다
접시에 비스듬히 누워있는 묵은 김치와
지글지글 끓여지는 오골계 뒷다리가 들썩거린다
간만에 K-94 마스크를 벗은 사람들,
대화가 그리운 사람들 목소리가
삶에 지쳐가는 골목을 슬그머니 빠져나간다
어쩌면 단절의 시간 앞에서
그리움의 시간들이 길었을 것이다
이제는 다시 적막에 들 아홉 시,
왁자지껄한 수다 한 무리가
저 먼바다를 향해 일어서려는데
가로수에 걸려 있던 광고지가 불쑥 날아오른다.

외로움이 외로움을 밀치다

오수행 직행버스에 30대 여자가 반려견에게 볼을 비비며 올라온다. 빨간 리본을 달고 티셔츠를 입혔다. 뒤이어 할머니가 숨을 헐떡이며 올라오고 검표원이 곧 손을 흔든다.

버스가 시내를 빠져나온 후에도 여자는 쓰다듬기만 하고, 반려견은 눈을 희번덕거리며 계속 짖기만 한다. 이를 가만히 지켜보던 할머니 눈썹이 몇 차례 흔들린다. 이놈의 개새끼가 왜 지랄이대?

여자가 화들짝 놀라며 어머 개새끼라뇨? 얘는 제 새끼예요. 자식 일곱을 출가시키고 혼자 산다는 할머니가 받아친다. 조심하시지 그랬어요, 어쩌다 저런 새끼를 낳았대요?

버스는 무슨 상관이냐는 듯 완주군 상관면 근처를 천천히 지나고 있었다.

| 시작메모 |

목련꽃 아래로 무수한 발걸음이 오간다. 여기저기서 모여든 사람들은 축 늘어져버린 그 꽃을 바라보며 수군거리다가 눈을 흘기다가 손가락질을 해댄다. 묵묵히 그 자리에서 30년 넘게 꽃을 피워낸 늙은 목련은 그 자리를 뜨지 못하며 발만 동동 구른다. 사회 이곳저곳에 분노와 격정의 그늘이 깊다. 우리 사회가 좀 더 건강하고 정의롭고 투명한 사회로 가기 위한 몸부림일 것이다. 이 모든 소란이 일과성에 그치지 않고 후세들에게 더 이상 부끄럽지 않는 길로 나아가길 진정 소망해본다.

이세영

전북 정읍 출생. 2015년 《문예연구》로 등단. 2016년 전국계간지 우수작품상 수상.

구절초 언덕

언덕 넘으면
아버지 무덤

봄 지나 여름까지
보고 싶은 마음만 뿌리던 어머니
손 붙잡고

올라가다가 알았네
사람 기다리며 피었던 한시절
내려가다가 알았네
사람 보내고 또 피었던 한시절

평생 주저앉고 일어서는 그리움은
아홉에 아홉 번을 꺾어도
열 번을 더 일어나는 버릇이 있어

뼈마디 쑤시는 몸은
가을보다 먼저 언덕에 피고
가을 저물어도 언덕에 다시 피고

바스락 여관

홑이불 한 잎
또 한 잎으로 누워

색색이 물든 계절
간판을 걸었는데

읽어주는 이 없어
고요로 덮은 노숙

바람 한 점에
바스락, 뒤척이면
서로 덮어주는 혼숙

파경

이삿짐 실어 보내고 텅 빈 방에 사다리차 짐 내릴 때 따라가지 못한 거울 금 간 채 벽에 기대고

20년 만의 한파라는데 가슴에 담아가면 좋을 햇볕 한 쪽마저 먼 데로 가 둥지를 틀었는지 살림살이 없는 방 고요만 더 깊어져

누가 또 살림을 차리고 얼굴 맞대어 거울 속에 넣을지 진눈깨비 날리는 날 그런 마음이라도 놓아야 춥지 않을 것 같아 이 방에 들어올 사람 발바닥 얼어붙지 않을 것 같아

갯메꽃

당신을 처음 만나고
뿌리내리고 꽃 피운 자리에
머물러 있다

흘러내렸다가 다시 쌓이는 모래언덕을
뿌리로 움켜쥔다
줄기 하나로 붙잡는다

당신 사는 곳 어디인지 모른 채
별을 보고 날이 새면
꽃 한 송이 피우고
모래 위에 또 엎드린다

한 번씩 몸을 흔들어주는 바닷바람
서걱거리는 모래를 털어낼 때마다
파도 소리만 크다

멀리 솔숲에서나 내려다보고
연분홍 꽃이 피었다고 말하려거든

다시는 여기 오지 마라

처음 사랑하고
처음 몸을 내려놓은 터를 기어올라
당신에게 가는 길은 한평생이다

흔적

잔뜩 움츠린 몸이
작은 대야에 담길듯하다

어머니 등 몇 번 닦아주다가
문득 가랑이에 물을 끼얹는다

내가 빠져나온 자리
슬그머니 가리는 그곳을
못 본 척 씻어주는 딸도
생산의 기억이 지워진 지 오래

어쩌다 꿈에서나 달이 오르다가
그마저 쓸쓸하게 스러지던 날에

벌거벗은 욕실에서 훌렁훌렁 씻는다
자꾸만 가리는 비밀도 아닌 비밀을 씻긴다

다리 밑에서 주워온 못난이라더니
그 말이 옳다

한사코 다리를 오므리는 것이
부끄러워 숨던 어릴 적 버릇이다

이렇게 가까운 내 흔적은
아직도 감추고 싶은 게 남았는지

| 시작메모 |

가을에 쌓은 그리움 절반도 허물지 못하고
겨울을 맞았다
그 자리에 웅크린 낱말은
나대지 않고 오래 고개를 숙일 운명이다
잘못이라면 당신을 허락 없이 마음에 담은 것
그리움을 크게 말하지 못하고
또 며칠 뜬눈으로 새벽을 지날 모양이다

이승훈

전북 군산 출생. 시집 『빈들의 소곡』(신아출판사), 『달개비꽃 하늘』(대한북스) 출간. 미술에세이 『감성 그 시간 속으로』(맵시터), 『시와 그림 감성의 바다』(열린출판) 출간. 마한문학상 수상. 군산대성중학교 교장.

시장 노파의 하루

서동시장 한겨울 바람벽 앞
달래 다듬는 좌판대
생불 같은 할머니 쪼그려 앉아
지나가는 발길 시선 외면한 채
이래저래 자세만 바꿔 앉고
옆자리에 없는 지아비 생각
소식이 먼 자식 생각
남은 봄나물 끄집어 당겨
언 손가락으로 종일 지운다
시집 오기 전 놀던 언덕에서
함께 나물 캐던 동무들
봄 향기 어른거리는지 눈물이 매섭다
구루마다 찬바람 쐬는 일 없어야 하는디
이제는 손주 용돈벌이라도 한다고
허름한 허리를 전봇대에 기댄다.

사랑

사랑, 배를 타는 것만으로 이루어지는 게 아니다. 배를 쉽게 탔든, 어렵게 탔든, 우연히 탔든 노를 저어야지. 돛을 올리고 내리고 구름과 바람을 살피고 고기도 잡을 줄 알아야 하지. 바다 밑도 살피고 미풍에 노래도 하고 그 느낌을 표현도 해야지. 목적지까지 풍랑과 폭풍우를 견딜 수 있어야지. 다른 배에 예도 갖추고 도와주기도 하고 섬에도 들려서 노을도 만끽하고 맑은 시도 쓰고 서툰 그림도 그리자. 저 머언 산 아래 달빛도 끌어올려 별을 씻어 고향에 두고 산천초목이 함께 살자.

화암사 우화루

산속 깊어지니
하늘만이 보인다고 하지만
빈 하늘은 그 아래
가득 품은 것이 있어요.
사하촌寺下村으로 곶감 잡수러 오셔요
대추 맛도 좋고 양파가 좋습니다.
야생화가 지천으로 해마다 결석하지 않습니다.
무명천 설빔으로 복수초꽃이
양지바른 곳으로 찾아들면
소나기 굵어진 언저리
천년 학이 그리워하는
어둠 속 초롱초롱한 별이 보이고
관음조가 물어온 모란이 예쁠 것입니다
육탈된 산벚나무 한나절 꽃비로 내리니
우화루 앞이 허공인데
독경 없이 목어가 졸아.

노독

금강물이 이제 흰 허리로
강어귀둑 갯지렁이를 찾고 있다
처절했던 함성 지르던 목구멍을 적시고
흐린 구정물로 바다에 나왔다
무엇이 그렇게 더럽고 추잡했던지
이게 물이냐
눈물 같은 물방울 모일 적 생각은 안 하고
먹고 바르고 씻기고
그 논 그 가슴 언저리에
물 맥질을 하고
그 뒷담당을 누구한테 하려고 하는가?
송홧가루 펄펄 날리면
위어가 몰려드는 하구에서
무주 뜬봉샘 그 또렷한 눈망울
노독으로 지쳐버렸다
어름치가 꼬리치는 강으로
냅다 달려가도
하늘부터 저리는 저 먹구름
농게도 놀고 왜가리도 놀던
그 강이 독이 났구나

몽돌해변의 저녁

저녁 바다
마티스의 폴리네시아 바다가 보인다
이중섭의 섶섬이 있는 바다가 보인다
파도가 선유도 해변으로 휘돌아왔다
둥글게 조각조각 모여서
꿈을 이어 붙였다
슬픈 해조류를 밥상에 차리고
웃고 떠들고 소리치던 젊음이 놀았던 여름
깊어가는 한의 겨울 난간
파도는 다 안다
몽돌로 밀려드는 물소리
가슴 우는 울음소리
자꾸 넘실대는 큰 물결 속에
초경에서 오는 해조류의 비린 새 세상
저 조가비 같은 돌조각으로
기억 속 얼굴이 남아있고
살아온 발자국 남아서
거대한 한 마리 비늘 덮인 물고기 해안
몽돌해변을 끌어안고

낙조의 폭발하는 가슴에
어느 화가의 몸살이 가라앉는다
해당화 꽃잎 선명한 빛이
어느새 어부 뒷주머니로 사라지면
고요한 수평선 위로
바람이 갈매기를 포근히 재운다
낮은 처마지붕 아래로 별빛처럼 비친다
아! 아버지의 그물 걷는 그림자

| 시작메모 |

정말 보이지 않는 것과 싸운다는 것은 허망할 뿐이다.

보여야 뭐라고 말이나 시원하게 해주지.

앞날은 보이지 않는 것과 함께 가야만 하는 것인가.

경자년은 바이러스 길이었지만 이제 눈에 똑똑히 보이는 길이 올 것을 믿어본다.

항상심으로 자연과 더불어 살아가야만 할 것이다.

그렇지 않으면 더욱 노할 것을 알게 되었다.

이영종

횡단 열차 타고 평양을 거쳐 리옹에서 내리기로 해요
내 님의 부레
라디오가 불러야 맛난 애창곡
보이지 않는 끈
함수는 아랫입술을 살짝 깨물고 싶은 듯

전북 정읍 출생. 2012년 〈전북일보〉 신춘문예 당선. 15회 박재삼 문학제 신인문학상 백일장 대상. 2020년 아르코 문학창작기금 수혜.

횡단열차 타고 평양을 거쳐 리옹에서 내리기로 해요

흑룡강성 목단강시 영안현 발해진 백묘 촌에 살던
옥화라 할 때 어느 낱말이 가슴을 치는지요

흰머리 산과 길게 하얀 산 중 두메양귀비 당신은 어디를 떠났나요
그 페이지 펴보게 하려 말라도 두께를 안고 있었던가요

엽서를 나온 싸리비
맥주 아닌 啤酒 마시는 단둥 밤거리에 압록강을 쏟아요

지도에 산마루 깔고 햇볕을 말립니다

맞바람 쓸 때 강물에 싸리비 자국이 환해요

비무장은 고구려 초봄이 무장에 심는 비라 해두고

필 터전 피하지 않으려 왁자하게 손잡고 횡단 열차 타기로 해요

내 님의 부레

나 잡아봐 라와 넘어지다가 눈 맞던 시절
필름은 여우비 불러 풍경을 끊고 달아났다

내가 휘 휘파람 불고 있을 것만 같아
혼자 다녀가도 좋던 유림 극장

뒷모습 엮어 부케로 던지느라 겨를이 없더니

잠시 검문이 있겠습니다가 자주 차를 세우면
얼굴이라도 고치고 싶은지
'ㅇ'을 깎아내 장과 'ㄹ'을 세웠고
이마에 손대고 둘러보기보다
뒤돌아보는 걸 좋아하는 낮꽃이 되었다

개망초 아래 빈집이 젊은 편지를 뒤적이고
소멸이라 하니 멸치로 이어받는 간이정류소

오늘 가신 분이 세상의 첫날밤과 두루 친해져
변방에서 모이자고 찡긋거렸으면 좋겠다

라디오가 불러야 맛난 애창곡

잔모래 목욕시키는 잔물결의 물방울무늬가 들려요

'봄날은 간다'와 '페이크 러브'를 걸다 보면 온다와 거짓이 꺼져있어 간다와 하트가 소리샘으로 연결되어요

플린더스 역이 보내는 너의 지지직거리는 몰입에 내 귀의 달팽이가 뿔을 세워요

목청은 바스러질지라도 속까지 젖지는 않아 톤이 높다고 라디오 별을 모는 청취자가 써 보내요

서로 밀어줄수록 촘촘해지는 걸 본 현미경이 다이얼 다루듯 기척하라 해요

주섬주섬 무게를 걸어 몽골 초원으로 떠나고 싶은
다리는 정수리 딛고 울림통 짚은 주파수

안테나에 끌려 애인을 도는 홀씨가 맑은 날을 날아가요

보이지 않는 끈

시골처녀나비가 섬딸기에게 갈 때 왼편에서 샛바람이 불었나
장미와 아이가 울면 케냐의 가난은 마른 물을 누구에게 물리나
그늘과 눈길 마주치다 하지에 덜미를 잡혔다고 하면 몰래 하는 정감인가
네 개의 번호를 두고 작은 새는 왜 거미줄을 골랐나 덫은 다니는 길에 놓인다고 하면 뽐내는 것인가 '끊을 것은 끊는다'와 '새 줄'을 이으면 오답인가
입원실에 막 들어온 황혼은 소매 끝 실밥이 데리고 왔나 할 말을 까먹었는데 무얼 사 먹었는지 모르겠다고 하면 이상한가
잃어버린 눈이 비슷한 발음을 가진 눈을 몽글몽글 빚고 있다 외수없는 폭설이라면 내수는 없는 걸까

태양계 끝에서 지구를 바늘로 찌르면 모두 아프다
능소화를 휘묻었더니 담의 입술이 부르튼다
돌 틸 때마다 물수제비 같은 유추가 생긴다
통점 몰고 가 기쁨의 망 흔드는 코트의 순간을 잡아라
골몰 묶어가기 쉽게 가로등 끈이 보일 듯 환해진다

함수는 아랫입술을 살짝 깨물고 싶은 듯

골수를 두드리는 밤비

묵음으로 앉아
빗소리 걸칠까요

흰소리 발목처럼 내밀어
다른 데로 가게 할까요

두들긴다 나 보고 어쩌라고
급한지 더 세차게

발걸음 동동 띄워
낙타에서 돌아온 오아시스에게
한 입 먹여주고
새를 사서 날려주는 땅에 가
스콜 사서 날려줄 새나 찾아봐요

수학 기호의 사랑을 묻는 내게
함수는 아랫입술을 살짝 깨물고 싶은 듯

펑션function이라 했지요

백색 소음은 밤비 더욱더 불러오는데
당신 코에 등 떨구며
굴러가는 맛으로 돋아나겠어요

| 시작메모 |

마음엔 흰 당나귀 타고
'마가리'로 가고 싶은
폭설이 내린다.

임백령

오리 수저받침
자작나무를 꿈꾸며
그 마을이 있었다네
벚꽃
달을 보며

본명 임영섭. 전북 남원 출생. 시집 『거대한 트리』(2016), 『사상으로 피는 꽃 이념으로 크는 나무가 어디 있더냐』(2019) 등.

오리 수저받침

같이 놀던 동족들 어디 두고 홀로 떨어져
가난한 밥상에 내려와 날아갈 줄 모르는가.
옻칠 물빛 수런대는 집안의 너울
노리개 삼아 온종일 골라주곤 하다가
지친 몸 끌고 온 사내에게 수저 한 벌 올린다.
제 자리 뜨지 못하는 여린 살림살이
둥지인 양 그릇 아래 비쳐오는 얼굴을
화장 붉은 날개로 가만히 품어준다.
고개 돌리고 고쳐 앉은 자리 어느 쪽
바람 불고 물길 저어 고기들 노니는
꿈꾸는 곳 이미 다녀와 알고 있는 너
네 등에서 한 그릇 짐을 거두어내는 날
수묵화 한 점 너울 속에 피어나는 곳으로
상 위에 등불 내걸어 날려 보낼 날이 오리라.

자작나무를 꿈꾸며

굽은 줄기 촘촘히 갑옷 껍질 무장하고 있는 노송을
파하려 하네. 폭설이 퍼붓는 날 하염없이 눈을 받아
뿌리 뚝 떼어 내버리고 아무도 모르는 산속
자작나무 군락지에 이르러 나를 잃고야 말겠네.
모든 것 퍼내고 너의 고집 가둬 두면 고고할까?
버리는 것은 갇히는 꼴이라는 걸 모르고 말지
붙들리지 못하고 쫓겨나긴 결별의 새싹들 잎사귀들
온 산 가득 자일리톨 향내를 풍기는 재회의 순간
하얀 속살 밀려오는 바람에 숨이 턱 막히네.
창호지 같은 껍질 밖으로 휘발시켜버리라고
비탈 곳곳에 줄기를 세우는 자작나무의 직립들
안과 밖을 넘나드는 생이 가벼운 거고 자유야
그제야 빠져나간 마음이 자작나무에 깃들이니
자작나무가 늘리는 무위無爲의 키를 향해
감당할 수 없는 내 집착은 출가를 꿈꾸었지
닫지 말라 열어젖히라 무시로 저를 치던 경고
여기에 와서야 그 수액을 한껏 마시게 되었네.
담을 수 있는 게 아니라 흐르고 있을 뿐이지
각질화되지 않고 몸을 섞는 너와 나의 생각

고개 숙이거나 심각하게 눈감을 필요도 없네.
하늘로 튀려는 높이를 추스르는 일만 남았지
수없이 길을 걷거나 능선과 굽이를 만들지 않고
비탈에 마음이 쏟아져 백화白化되고 만다네.

그 마을이 있었다네
—의식의 흐름 수법으로

그 마을에 가지 못했네 지척이 천 리라는 말
거꾸로 뒤집어 보아도 닿을 수 없네
그 마을이 마음 밖으로 나가 있으니
갇힌 것은 내 마음이라 마음속으로
돌아오길 바라는 단 하나의 생각이네
나는 아직도 마음이 가슴 속이 아니라
눈 밖이라는 생각이 드네
비대한 혹 덩어리 달고 살아가는
일생의 고통이여 마을의 골목이 보이네
그 마을에 이르는 길 나는 모르네
사람의 몸에서 딛고 선 땅이 분리되어
숨 쉬는 건 누군가의 감추어진 심장일까
그러므로 거기 갇혀 살아가는 사람들
내가 살아 보지 않은 마을이
떠오르는 것은 내 숨결이란 말인가
한 번도 만나 보지 않은 사내가
왜 자꾸 얼쩡거리는지 내 생각은 왜
뜻 없이 저 마을에 사로잡히는 건지
낯선 필체의 큰 구호가 있는 마을에서

오래전 버렸던 물건들 쌓인 곳에서
배회하는 사나이 그 사나이가 될 수 없어
거기 따뜻한 공기와 햇살이 지워진 곳
낡은 필름의 실루엣 속으로 흘러가네
필름의 음화에 비쳐드는 빛
영원히 해독할 수 없는 색깔의 풍경
나무와 흙빛과 다르지 않은 공기의 질감
그 속에서 그들이 주고받는 말과
터놓는 생각을 온통 붙들 수가 없네
보이지 않는 비가 내리는지 알 수 없는
냄새가 갈색의 물기로 넘치듯 찌든
그 마을은 너무 멀리 있네 아니
가까이 있어 숨은 것처럼 안 보이네
가을 와도 거기는 풍년 들지 않는다는
주문을 내가 환청으로 만든 건지
아무도 가지 않는다는 소리도 보이네
가고 싶은 곳이어서 갈 수 없는 곳
가 보지 못하고 나는 죽을 것이네
내 무덤가 한쪽으로 그 마을이 있네

나의 눈이 열려도 공중으로 떠도는
나에게 돌아오지 않는 영상을 보네
그곳 사람들을 나는 아무도 모르네
모르면서 죽어서도 갈 수가 없네
죽으면 모든 것 보일지도 모르는데
세상의 나무와 햇빛은 우리의 숨결
모든 것 우리 핏속 자라고 있는데
붙잡을 수 없네 시간이 갈려서
몇백 대 후손이고 먼 조상인 것일까
반대로 나는 아득한 조상인지 몰라
다가오지 않는 시간 미리 가버린 틈새를
이어 볼 수도 없네 망원경의 풍경처럼
희미한 빛으로만 다가오는 윤곽
실제 거기 있는 건지 신기루인지
동공 깊숙이 비쳐 오는 눈먼 상이여
그들을 섬기는 나의 일생이 가엾네

벚꽃
—백령도 · 2

네가 돌아가는 길 아무도 들지 않는 곳에
화사하게 꽃은 피었는가? 벌떼 날려 윙윙대다
제 향기 잦아드는 백령도 어느 군사도로
무심한 눈길 거두고 멀어지는 너의 뒤에서
먼 거리 홀로 그리움의 꽃비 황홀이 날렸던가?
그 섬에 꽃이 지고 하릴없이 떨어져 내려서
그리움 하나 노를 저어 빠져나온 빈자리
봄날 누군가 와서 품다 간 저 나무 둥지에서
눈을 뜨고 스스로 울렁이며 흔들리던 손길들
연초록 잎사귀로 색을 바꾸며 짙어지네.
발자국 멀리 부르는 소리도 없이 꽃을 피웠다
지우는 것이 그리움의 둥지 하나 품는 일이라
하얀 눈 날리는 저의 유희 홀로 거두는 날
네가 돌아가는 길 화사하게 꽃이 졌는가?

달을 보며

만삭인 둥근 달을
조금씩 깎아 먹고

경자년 병술월 갑인일
하현 반달 회갑 날

그믐으로 사그라들어
보이지 않는 어머니

초승의 눈빛 주신 당신
아들이
반짝이기 시작했네.

| 시작메모 |

지금까지 낸 시집이 민간인 학살, 남북 이념 대립, 남한 내 진보 보수 분열, 국정농단과 검찰개혁이라는 두 차례 촛불 항쟁 등 주로 현실 사회 참여의 목소리를 절박한 사명감으로 담았던 것 같다. 이제는 밀쳐두었던 개인적 정서 노래 작품들을 모아야겠다는 생각이 든다.

생도 언덕 위 소나무 아래 초막으로 올라설 나이에 접어들었구나!

도혜숙

에너지보존의 법칙
태풍자장가
비의 사랑
시간의 장벽을 넘어
휴게소 연가

2001년 《한국詩》로 등단. 2004년 시 「울릉도」로 제8회 시산맥상 수상. 시집 『고요를 끓이다』(2020) 출간.

에너지보존의 법칙

작년 가을 쓰러지던 포플러나무처럼,
여름 폭풍을 맞은 왼쪽 어금니 하나가 돌연 툭 쓰러졌다
뿌리에 오래 버틴 흔적이 황량하다

나도 모르게 잇몸 안에서
그 많은 시간 동안 씹고 마시고 닦아내길 견디느라
얼마나 식상했을까

어금니가 사라진 자리에
말벌의 피 같은 식욕이 차오른다

짝을 상실한 오른쪽 어금니는 홀로 오래 되새김질하다
가끔 흘러드는 알코올이 반갑기도 했으리라

빠진 어금니의 기억 때문에 잇몸은 지금 공허하다.
그 공허가 오른쪽 어금니의 뿌리를 흔들어댄다

사라진 왼쪽의 어금니가 오른쪽 어금니를 간절히 부르

고 있다.

가슴 한쪽이 봄을 지피고 있다

태풍자장가

형이 죽었다 주검을 보내고
오후 내내 매지구름 뒤에서 태풍 볼라벤이 행진곡을 부른다
어디에서 날아온 걸까 흰 비둘기 떼 같은 종이군무들이
공중을 선회하며 춤을 춘다 남자의 내면에 오래 잠식되어 있던 질긴 끈 하나가 빠져 나간다
그는 위계질서라는 형의 무력에 늘 일관된 피해자였다
태풍의 이빨은 생전에 형이 다니던 골프연습장의 촘촘한 그물망을 일시에 물어뜯는다 행진곡 따라 지상에 서 있는 것들이 일제히 45도 이상의 둥근 각으로 휘청거린다
27번국도 한켠에서 격랑하는 바람이 나무의 뿌리를 거칠게 뽑고 있다 기진맥진해진 나무 옆에 택시가 멈추고 차에서 내리던 다리 하나가 바람 문에 걸려 비명을 지른다

한 사람의 장례는 한 계절을 쓸어가는 태풍을 만들고
상식과 인정이 사라진 가족사를 쓸어가기도 한다
바람이 잔잔해지고
그는 이제 아무것도 두려워하지 않는다
남자는 검은 상복을 돌돌 말아 쓰레기통에 던진다

비의 사랑

어느 먼 곳 구름의 시간을 거친 비의 행렬들 그녀의 구두에 떨어진다

언젠가 새털이었다가 솜사탕이었다가,
안개였다가 순식간에 먹물이기도 했던 시절 고스란히 하늘에 두고,
이제 비들은 지상의 파문을 마지막으로 후두둑댄다

사랑한다는 건, 결국 비로 내리는 것
누군가의 마음 문 흔들어
하늘 한 귀퉁이 구름의 집 만들어 올라가
세상 가장 큰 떨림으로 환희의 노래를 부르다가
먹물 같은 익숙함이 찾아들면 지상으로 내려오는 것

구두 아래 묻힌 그림자 기억이 그녀가 보이지 않게 숨어 우는 것을
미처 깨닫지 못하는 것
그리하여 다음 날 쨍한 햇살에 말끔히 잊히기도 하는 것

〉

오랜 뒤, 당신이라는 이름을 찾지 못해
당신을 그냥 또 당신으로 부르고 마는 것

어느 먼 곳 구름의 시간을 지나온 비들, 그녀의 구두에 미끄러진다.

시간의 장벽을 넘어

누드베키아 꽃잎 풀어진 저녁
윤동주 생가 가는 길
붉은 노을 초대소에 걸린
누런 사진 한 장으로 시작된 사랑도 있나니
처음엔 덥석 눈을 잡았으나
마음이 잡힌 뒤에는
제대로 말 한 번 생각 한 번 마주치기 힘들었네
그저 속으로 지켜볼 뿐
당신은 멀리서 흔들릴 뿐이거니
자작나무 은빛에서 뿜어져 나온 사선이
당신을 뚫고 나에게 돌아올 때까지
바람도 눈을 감았나니
녹슨 우물 옆 시계풀꽃 눈웃음 엮어 매달린 마음은
어디서 환히 걸어오는가.
당신은 물어보지 않았으나
나는 대답하였고, 나는 대답하지 않았으나
당신은 이미 알고 있었네
자작나무에 마타리에 두메양귀비에 사과배꽃에
알알이 걸려있던 형형한 눈빛들
시간의 장벽이 무너지고 있었네

휴게소 연가

어디론가 떠났다가 돌아오는 불빛들
점점이 여산휴게소로 들어오고 있다
한번 눈을 크게 떴다 조용히 심호흡하듯
불빛들은 눈을 감는다 전화부스 쪽 커피코너 옆
스피커 그림자가 단풍잎 계단을 내려간다
11월의 나무처럼 나는 잠시 서 있다
헤즐럿 한 잔 주실래요, 빈 가지를 내미는 내게
커피를 건네주는 여자의 눈 속에 달이 저물어 있다
손에 안긴 종이컵을 기다렸다는 듯
내 입술은 뜨거운 습기를 뿜어낸다
입술은 금방 촉촉해진다 원두향이 깊다
한 모금 두 모금 커피는 입술을 열고
목구멍을 타고 가슴속으로 내려간다

"언젠가는 우리 모두 세월을 따라 떠나가지만…"
스피커에서 광화문 연가가 흘러나오고 있다
떠난 그가 돌아와 전율처럼 목에 잠긴다
한 번이라도 커피처럼 먼저 뜨겁게
그에게 다가간 적이 없다는 것,

한 번도 불빛 같은 그를 따라 휴게소까지 오지 못한 것,
너무 뜨거운 그를 호호 불기만 하다가
식혀버린 것에 대해 이렇게 후회한다는 것,
식어버린 커피 앞에서야 비로소
데일 것 같았던 그의 온기가 절실한 나는
이제 목젖의 적정온도를 개의치 않는다
가슴 속에 내려간 커피가 지금 끓고 있다

| 시작메모 |

슬픔과 無 중에서 그녀는 슬픔을 택한다고 그랬다.
슬픔에는 이것저것 딸린 게 많다고,

나는 언제쯤 꽃들을 놀라게 할 수 있을까.

장종권

전북 김제 출생. 1985년《현대시학》추천완료. 시집『아산호 가는 길』,『전설은 주문이다』외. 장편소설『순애』. 창작집『자장암의 금개구리』. 인천문학상, 성균문학상, 미네르바문학상 수상. 계간 리토피아 주간. 사)문화예술소통연구소 이사장.

똥개 · 6

요즘에는 개들도 핸드폰을 들고 다닌다. 목이 말라도 누르고 배가 고파도 누른다. 무서워도 누르고 심심해도 누른다. 멍, 하면 이런 뜻이고, 멍멍, 하면 저런 뜻이고, 멍멍멍, 하면 그런 뜻이다. 사람끼리 잘 통하지 않는 말도 개와는 아주 잘 통한다. 대단히 발전한 사회이다.

호토전 · 30

토끼 나라에도 호랑이 후손이 있었다.
어쩌다 토끼의 피가 섞여 토끼 구덩이에 떨어졌다.
그래도 바탕은 호랑이인지라 수시로 어흥거렸다.
어흥거릴 때마다 이 발에 차이고 저 발에 밟혔다.
저것이 호랑이 흉내를 내고 있네, 잡것.
밤새 고함 지르다가 속이 터져 자진했다.

호랑이 나라에도 또끼 후손이 있었다.
어쩌다 호랑이 피를 받아 호랑이 나라에 살고 있었다.
그래도 바탕은 토끼인지라 어흥 소리만 들어도 벌벌 떨었다.
후식으로 들어오는 토끼들을 보면 눈물이 났다.
저 무서운 발톱과 이빨들을 어이 하나.
한밤중 제집 불사르고 스스로 목숨을 끊었다.

아리고 아린 아리랑고개.
쓰리고 쓰린 쓰리랑고개.

호토전 · 31

토끼나라에 뜬굼없이 트롯 열풍이 불었다.
호랑이들 듣기에도 별로 불편함이 없었다.
트롯을 잘 부르는 동안에는 살 수 있으니,
너도나도 트롯 부르느라 토끼나라 난리다.

아리고 아린 아리랑고개.
쓰리고 쓰린 쓰리랑고개.

생각해 보니 호랑이시대에도 그랬던 거 같다.
말 한마디 잘못해도 밤 사이 죽는 수 있었으니,
실없고 뼈 없는 유행가나 부를 수밖에 없었다.
하필이면 트롯이구나 착한 토끼나라 백성들아.

폐묵廢墨 · 1

무슨 생각을 하고 계신가요? 묻고 있지만 저놈은 아무 생각도 없는 놈이다. 그저 눈 감고 총만 쏘아댄다. 퍽도 재미가 있을 것이다. 그 총알에 어떤 꽃이 떨어지든 알게 무어냐? 방아쇠는 당겼으나 총알이 가는 길은 나와는 전혀 상관이 없다.

무슨 생각을 하고 계신가요? 무엇을 생각하는 중인데, 그 무엇이 무엇인지 또 생각하라 한다. 생각이 생각을 생각하니 쌩쇼다. 그런데 그놈의 생각이라는 것이 대부분 그렇고 그렇다. 그러니 생각을 적으려면 다소간 위장하게 되고 색칠이 될 수밖에 없다.

무슨 생각을 하고 계신가요? 전쟁이 터지면 우리 식구들은 어찌 되나 생각하고 있다. 세금이 오르고, 금리가 오르고, 생필품 가격이 오르면 어떻게 견디나 생각하고 있다. 성인군자가 되는 방법을 생각한 적은 없다. 보살이 되고 선지자가 되는 법도 생각한 적은 없다.

| 시작메모 |

예전에는 생명이 축복인 줄 알았다.
그렇게 가르쳐서 더 속았다.
생명아, 이 불쌍한 놈아.